# Auf der Bank und alles daneben

Workshop Woche „NUNC trifft Sparkasse“ vom 03.06.24 – 07.06.24

Impressum

Bibliografische Information der Deutschen Nationalbibliothek: Die Deutsche Nationalbibliothek verzeichnet diese Publikation in der Deutschen Nationalbibliografie; detaillierte bibliografische Daten sind im Internet über dnb.dnb.de abrufbar.



Herstellung und Verlag: BoD – Books on Demand, Norderstedt

ISBN: 9783759706744

Eine Kooperation der Sparkasse Celle Gifhorn Wolfsburg und dem Projekt zur Gründung einer Sozialgenossenschaft, NUNC.

Auszubildende der Sparkasse CGW im 2. Ausbildungsjahr trafen in dieser Woche auf ein Projekt mit einem Verbund aus drei Organisationen. Menschen, betreut vom Verein Stellwerk e.V. – Verein zur Förderung seelischer Gesundheit aus Gifhorn, Studierenden der Sozialen Arbeit von der Ostfalia Wolfenbüttel und einem Gründer*innen Team vom Projekt NUNC.

Ziel war es, im inklusiven Kontext entstehende Business Ideen in ihrer praktischen Umsetzung kennenzulernen und daraus entstehende Produkte zu realisieren. Der Fokus der Ideen liegt auf den kreativen individuellen Fähigkeiten und Interessen der beteiligten Personen. Neben der gemeinsamen Arbeit an den Ideen und Projekten sind sich Menschen unterschiedlichster Sozialräume und Altersstufen begegnet, haben sich kennengerlernt, haben voneinander gelernt und haben auch neue Seiten und Fähigkeiten an sich kennengelernt. Ein Element des Projekts NUNC ist das kreative Schreiben als

Urform der Ideenentwicklung. Das Heft in ihren Händen ist eine kleine Kostprobe dessen, was diese Workshopwoche an wunderschönen Produkten hervorgebracht hat.

Viel Spaß beim Schmökern wünscht das ganze Team der Workshopwoche „Sparkasse trifft NUNC"!

In Kooperation mit der

## Der Weg zum Erfolg: Leons Reise zur Selbstverwirklichung

Leon hatte gerade sein eigenes Unternehmen gegründet, eine kleine Firma, die sich auf innovative Softwarelösungen spezialisierte. Er war hochmotiviert, aber auch von Zweifeln geplagt. Die Geschäftswelt war hart, und als junger Unternehmer wurde er oft übersehen. Eines Abends, als er in einer Buchhandlung nach Inspiration suchte, stieß er auf ein Buch über Autosuggestion. Fasziniert begann er zu lesen und erfuhr, dass er durch wiederholte Selbstbeeinflussung seine eigene Realität gestalten konnte.

Leon beschloss, es auszuprobieren. Jeden Morgen stellte er sich vor den Spiegel und sagte sich selbst: "Ich bin ein erfolgreicher Unternehmer. Meine Ideen sind wertvoll. Ich werde gesehen und gehört." Anfangs klang seine Stimme schwach und unsicher, aber er gab nicht auf.

In der ersten Woche bemerkte er keine Veränderung. Doch dann, an einem regnerischen Dienstag, geschah etwas Erstaunliches. Er hatte ein wichtiges Meeting mit einem potenziellen Investor.

Normalerweise wäre Leon nervös und zurückhaltend gewesen, aber an diesem Tag sprach er klar und selbstbewusst. Der Investor war beeindruckt und vereinbarte ein weiteres Treffen. Leon konnte es kaum glauben.

Von diesem Tag an wiederholte er seine morgendlichen Affirmationen mit noch mehr Überzeugung. Nach und nach begann sich sein Verhalten zu ändern. Er trat sicherer auf, präsentierte seine Ideen mit Überzeugung und knüpfte aktiv Kontakte in der Geschäftswelt. Es dauerte nicht lange, bis er nicht mehr übersehen wurde.

Eines Tages stand eine große Präsentation vor einem Gremium wichtiger Investoren an. Leon wurde von seinem Team als Sprecher gewählt, etwas, das vor einigen Wochen noch undenkbar gewesen wäre. Am Tag der Präsentation stand er vor dem Gremium, blickte in die Augen der Investoren und begann zu sprechen. Seine Worte flossen flüssig, und er strahlte Selbstvertrauen aus.

Nach der Präsentation kam der Hauptinvestor zu ihm und lobte ihn für seine herausragende Leistung. Leon konnte es kaum glauben. Dank der Kraft der

Autosuggestion hatte er sich vom schüchternen Unternehmer zu einem selbstbewussten Geschäftsinhaber gewandelt.

Leon wusste, dass er noch viel vor sich hatte, aber er hatte gelernt, dass die Macht seiner Gedanken seine Realität verändern konnte. Von diesem Tag an erinnerte er sich jeden Morgen daran: "Ich bin ein erfolgreicher Unternehmer. Meine Ideen sind wertvoll. Ich werde gesehen und gehört."

## Max und das Abitur: Feiern und Lernen

Max war ein aufgeweckter Junge, der gerade in die letzte Phase seiner Schulzeit eingetreten war. Das Abitur stand vor der Tür, und die Erwartungen waren hoch. Doch Max war nicht nur ein Schüler, er war auch ein leidenschaftlicher Partygänger. Jedes Wochenende war er unterwegs, tanzte bis in die frühen Morgenstunden und genoss das Leben in vollen Zügen.

Seine Eltern und Lehrer waren besorgt. Sie wussten, dass Max klug war, aber sie fragten sich, ob er seine Zeit nicht besser einteilen sollte. Doch Max hatte seinen eigenen Plan. Er war überzeugt, dass man das Leben genießen sollte und dass man, wenn man hart arbeitet, auch hart feiern darf.

Während der Woche war Max diszipliniert. Er besuchte jeden Unterricht, machte seine Hausaufgaben und lernte für die bevorstehenden Prüfungen. Doch sobald das Wochenende kam, verwandelte er sich. Seine Freunde warteten schon auf ihn, und gemeinsam erkundeten sie die Clubs und Partys der Stadt.

Es war eine stressige Zeit. Manchmal fragte sich Max selbst, ob er diesen Lebensstil durchhalten könnte. Doch er hatte ein Ziel vor Augen: Er wollte sowohl ein gutes Abitur machen als auch seine Jugend voll auskosten. Er wusste, dass diese Zeit einmalig war und dass er sie nicht wiederholen konnte.

Als die Prüfungen näher rückten, intensivierte Max sein Lernen. Tagsüber war er mit seinen Büchern und Notizen beschäftigt, und abends gönnte er sich kurze Pausen, in denen er sich mit seinen Freunden traf, aber nicht mehr so exzessiv feierte. Er wusste, dass der Endspurt entscheidend war.

Dann kam der Tag der ersten Prüfung. Max fühlte sich nervös, aber auch vorbereitet. Er betrat den Prüfungsraum, setzte sich und begann zu schreiben. Die Wochen vergingen wie im Flug, und bevor er sich versah, hatte er die letzte Prüfung hinter sich gebracht.

Die Ergebnisse wurden mit Spannung erwartet. Max' Eltern und Lehrer waren nervös, aber Max blieb ruhig. Er wusste, dass er sein Bestes gegeben hatte, sowohl beim Lernen als auch beim Leben.

Als die Noten schließlich veröffentlicht wurden, konnte Max es kaum glauben. Er hatte ein gutes Abitur geschafft. Seine harte Arbeit hatte sich ausgezahlt. An diesem Abend feierte er nicht nur das Ende seiner Schulzeit, sondern auch die Bestätigung, dass man das Leben in vollen Zügen genießen kann, wenn man die richtige Balance findet.

## Lebensabschnitte

**Alter 3-8**

Kleiner Junge, Familie, Grillen, nur am Chillen,

Freunde, Fußball, Cars, nichts außer Spaß.

Vater, Schlaganfall, Herzinfarkt, zum Glück alles gepackt.

**Alter 9-13**

Fußball, Familie, Schule, immer der Coole.

Stress, Druck, Leistung, aber NOCH keine Verzweiflung.

Motivation, Unterstützung, mein größter Supporter war immer mein Vater.

**Alter 14-16**

Geschafft, Hannover 96, Spaß, doch leider ein Vielfraß.

Abnehmen, Disziplin, Ziel nicht weit entfernt, Freundin kennengelernt.

**Verletzung, immer weitermachen, noch viel am Lachen.**

**<u>Alter 17-19</u>**

**Wechsel, Paderborn, Internat, schon kommt der Bart.**

**Druck, Einsam, Heimweh, aber voll Motivation,**

**viel erlebt, Bundesliga, Tränen, im Kopf eine Explosion.**

**<u>Alter 19-2o</u>**

**endlich wieder zu Hause, Braun-schweig, Dankbar,**

**Hund, Freundin, Familie, Jetzt bin Ich Unschlagbar.**

**Corona, Trainieren, Abitur, Noch auf der Siegerspur.**

**<u>Alter 20-21</u>**

**Kreuzbandriss, 1.OP, 2.OP, 3.OP, Am Boden zerstört.**

Neuer Plan, Ausbildung, Aufstehen und Weitermachen,

Familie, Freundin, das Feuer wieder entfachen.

Alter 22

Arbeiten, Trainieren, Arbeiten, Trainieren,

Glücklich, Dankbar, nochmal Alles probieren.

Alter 23-?

Erfolg, nie Aufgeben, es hat sich gelohnt,

harte Arbeit zahlt sich aus, ich hab´s immer betont.

Familie Stolz, alles ist geil, ich lebe mein Traum,

vor zig tausend Fans, traue meinen Augen kaum.

**Freundin, 10 Jähriges, Verlobung Wer weiß?**

**Heirat, Kinder, Haus, das Ist der Hauptpreis.**

**Fußball, Familie, Frau und mein Hund,**

**aber am wichtigsten:**

**Es sind alle gesund!**

## Das Darts Gedicht

Im Zwielicht glänzt die Scheibe klar,
Ein Ziel, so fern und doch so nah.
Mit festen Händen, ruhigem Blick
Zielt der Spieler Stück für Stück.

Drei Pfeile wird man auf das Ziel,
Darin besteht das ganze Spiel,
Fünfhunderteins das ist die Zahl
Die müssen weg, und zwar jedes Mal.

Auf der Scheibe ist ein Feld,
Die beim Treffen dreifach zählt
Wenn jemand dieses dreimal schafft
Hat die hundertachtzig vollbracht

Dann schreit die Menge wie im Chor
Ein Höllenlärm bricht dann hervor
Und Schilder mit der hohen Zahl
Sieht man plötzlich im ganzen Saal

Musik ertönt es wird getobt

Der Werfer wird richtig gelobt

Dann ist nur noch das Ziel die Doppel

Doch diese ist zu schwer für den Trottel

## Von den Nullen zur ersten Hundertachtzig

Eines Tages war ich im Garten und warf wie jedes Wochenende auf meine Zehn Euro Scheibe.

Mein Nachbar schaute rüber und sagte, ich bin gleich wieder da. Nach fünf Minuten kam er mit einer richtigen Scheibe und einem Dart-Set und sagte:“ Das schenke ich dir, ich spiele eh nicht mehr.“ Und nun begann die Reise zur aller ersten Einhundertachtzig.

Aber so einfach ist es gar nicht, wie es aussieht. Anfangs war ich froh, als ich überhaupt eine von drei Pfeilen in das Single 20er Feld getroffen habe. Dann kamen zwei von drei und dann drei von drei. Das war der erste Erfolg. Aber das soll es noch nicht gewesen sein.

Der Ehrgeiz war so groß, dass ich im März 2023 in den frisch gegründeten Dartverein des TSV Wietze eingetreten bin.

Jetzt ging die Reise weiter zur allerersten einhundertachtzig. Ich übte Tag für Tag und eines Tages traf ich zum ersten Mal das Tripple 20er Feld und alle meine

Freunde jubelten, auch ich jubelte, aber hielt nicht lange an, denn ich wollte mehr.

Ich traf die Tripple 20er nun immer häufiger. Dann eines Tages traf ich die Tripple 20er mit zwei von drei Pfeilen, und ab da wusste ich, es fehlt nicht mehr viel.

Ich trainierte immer weiter und weiter und eines Tages war die erste Chance auf die einhundertachtzig. Ich war den ersten Pfeil = tripple 20, dann den zweiten = tripple 20, dann machte ich eine kurze Pause, meine Hand zitterte, ich atmete tief ein und aus und warf, der dritte Wurf = 1.... Scheiße dachte ich mir. Mal ging der dritte Pfeil in die 20, mal in die fünf und mal gar nicht auf das Board.

Aber dann kam der Tage der Tage, Ich warf meine ersten beiden Pfeile, beide in die Tripple 20, machte diesmal nur eine kurze Pause und warf und das war Sie und alle riefen: „onehundredandeighty".

Das war der Tag an dem ich mich auf unserer sogenannte „Wall of fame" verewigen durfte und das bis heute sogar 15-mal.

**Elfchen**

Heute

gestern war

morgen wird sein

Ich lebe im Moment

Jetzt

Donate Schulz

Arbeit

mein Gefühl

anstrengend, einengend, verpflichtend

Arbeit in der Zukunft?

individuell

Donate Schulz

Nähen macht mir Spaß

der Faden klemmt

Erfolge genießen

Schreck

Nähte entstehen

Nadeln brechen ab

Und am Ende: Geschafft!

Donate Schulz

**Uganda**

warm und herzlich

jung und offen

fremd und neu

anders als hier

viele Unterschiede

neues entdecken

Freunde finden

sich ausprobieren

über sich hinauswachsen

staunend fragen

Antworten finden

neue Eindrücke sammeln

den Rucksack packen

Abschied feiern

Tränen fließen

Neues beginnt

bis bald☺

Donate Schulz

**Auf einer roten Bank**, da saß ein Arsch

der kritisierte sie den Tag doch harsch

So gar nichts macht sie diesen Ärschen recht

Auf ihr es ruht sich einfach furchtbar schlecht

Sie sollt doch bitte immer alles geben

Und stets verzichten auf ihr eig'nes Streben

So wurd es das Problem von Arsch und Bank

Vor allem wenn der Arsch noch munter trank

Der Arsch, der wollte immer alles haben

was die rote Bank so konnte tragen

Als dann der Arsch sich maßlos wieder lieh

Zurück kam das gelieh'ne freilich nie

Da wurd sie kreativ auf dem Gebiet

Sie gab dem Arsch fortan nur noch Kredit

Jupiter

## Romeo und Julia

eine tragische Liebesgeschichte die zwei Banken miteinander verbinden wird

Zwei Banken waren gleich an Würdigkeit.

Hier in Gifhorn, wo die Handlung steckt

Durch alten Groll zu neuem Kampf bereit,

Wo Mitarbeiterblut die Mitarbeiterhand befleckt.

Aus dieser Feinde unheilvollem Schoß

Das Leben zweier Liebenden entsprang,

Die durch ihr unglückselges Ende bloß

im Tod begraben der Cheffe Wut

Die nur der Mitarbeiter Tod von dannen trieb,

Ist nun der Geschichte ihr Gut.

Unsere Liebenden Romeo, der Sparkassen-Mitarbeiter, und Julia, die Volksbank-Mitarbeiterin lernen sich auf einem Kongress kennen, doch das Schicksal ist gegen sie. Getrennt durch die Fehde ihrer Chefs müssen sie die junge Liebe verheimlichen.

Die Filialen liegen sich gegenüber auf derselben Straße, geführt werden sie von Brüdern, die sich seit vielen Jahren zerstritten haben. Die familiäre Fehde wurde von den Mitarbeitern übernommen.

Theodor ein Kollege von Julia trifft vor den Banken auf Romeo. Romeo und Theodor beginnen einen verbalen Kampf. Es dauert nicht lange und auf beiden Seiten entsteht ein Pulk an Menschen. Schimpfwörter fliegen wild durcheinander ein Getöse entsteht. Auf einmal wirft jemand eine Glasflasche in die Menge. Als sie am Boden zerschellt, artet der Kampf in eine Schlägerei aus. Theodor und Romeo sind in einem hitzigen Zweikampf. Romeo wird von hinten geschubst, er verliert die Balance und reißt Theodor mit zu Boden. Im Eifer des Gefechts rollen sie sich über den Boden und versuchen den anderen zu übermannen. Plötzlich schreit Theodor, im nu sammelt sich eine Blutlache auf dem Boden. Hilferufe und Hektik brechen aus den Anwesenden hervor. Noch bevor der

Notarzt angekommen war, saß Romeo bei Theodor, er presste seine Hand auf die Wunde an Theodors Hals und konnte nur noch zusehen wie das Leben aus ihm wich. Theodor verstarb noch vor Ort und Romeo wurde von der Polizei abgeführt. Nach der Ermittlung wurde er jedoch wieder freigelassen, es war ein Unfall. Sparkasse und Volksbank wurden nun durch einen unüberwindbaren Graben getrennt. Das Blut welches die Straße gefärbt hatte, als eine ewige Erinnerung an den Krieg zwischen den Filialen.

Keiner dieser Vorfälle konnte die zwei Lieben voneinander trennen. Sie schworen sich vor dem Staat die ewige Treue und gingen den Bund der Ehe ein. Nur Romeos bester Freund Lukas war anwesend, um die Eheschließung zu bezeugen.

Aber es kam, wie es kommen musste. Der Chef der Sparkasse konnte der Bezirksleitung nicht widersprechen, dass der Verdächtigte Romeo die Stadt verlassen sollte. Und so sollte Romeo in eine Filiale nach Helmstedt versetzt werden. Romeo und Julia verstanden schnell, was dies für ihre Beziehung bedeuten würde. Sie würden sich nur noch am Wochenende sehen können. Getroffen von der Trauer ihren Romeo so selten sehen zu können beschloss Julia die Seiten zu wechseln. Sie bat Lukas ihr zu helfen, denn sie wollte in dieselbe Sparkassenfiliale wie ihr Geliebter Romeo. Einige Wochen gingen ins Land. Die schicksalhaften Liebenden ertrugen die tägliche Trennung kaum. Julias Plan ging auf und sie bekam eine Stelle in Romeos Sparkasse. Sie wollte ihn am Montagmorgen überraschen, wenn sie dort mit ihrem eigenen Angestelltenschildchen vor ihm stehen würde, dann wäre die Welt endlich wieder in Ordnung.

Hätte sie Romeo nur verraten, was ihr Plan war, dann hätte der Liebenden Schicksal einen anderen Verlauf genommen. Denn was Julia nicht wusste, auch Romeo hatte denselben Plan wie sie. Es hatte zwar einiges an Überzeugungsarbeit gebraucht den Volksbank Chef zu überreden, dass es eine gute Idee sei Romeo dort anzustellen. Nach Theodors Tod hätte niemand gedacht, dass es so weit kommen könnte. Doch der Volksbank Chef fand die Idee gut so seinem Bruder eins auswischen zu können, dass der ach so perfekte Romeo seinen Chef verrät und lieber unter seiner Führung in der Volksbank arbeitet. Auch Romeo verschwieg Julia seinen Plan. So nahm die Geschichte ihren Lauf.

Montagmorgen nahte und das junge Ehepaar machte sich getrennt auf den Weg zu der neuen Arbeitsstätte. Sie trafen auf der Straße in Ihren Autos aufeinander, aber fuhren in entgegengesetzte Richtungen. Wie vom Blitz getroffen realisierten sie was der andere getan haben musste. Beide griffen zum Telefon und wendeten den Blick von der Straße ab. Die Straße machte jedoch eine scharfe Kurve und so kamen Romeo und Julia von der Straße ab. Romeo geriet in den Gegenverkehr und wurde von einem LKW erfasst. Das Auto überschlug sich bei dem Aufprall. Währenddessen fuhr Julia gegen einen Baum und das Auto wurde zweigeteilt. Beide waren sofort tot, in den Händen noch der laufende Anruf zu ihren Geliebten.

Lukas erzählte allen in der Volksbank und der Sparkasse von dem unglücklichen Schicksal des Ehepaares, die Bestürzung war groß.

Als die Särge nebeneinander ins Grab herabgelassen wurden, standen Volksbank und Sparkasse das erste Mal seit 20 Jahren in Frieden nebeneinander. Die Brüder schlossen wieder Frieden.

So endet die Geschichte der schicksalhaften Liebenden im tragischen Tod jedoch im Frieden der Banken.

## Schlaflose Nacht

Martin Endres

Es kam der Tag, da besorgte mir eine Maus in meiner Wohnung mehrere schlaflose Nächte. Die Maus machte in der Nacht einen solchen Rabatz, dass ich trotz Nachttablette nicht schlafen konnte. Die eine Nacht lag ich bis vier Uhr morgens wach, bis die Maus sich entschied, keinen Krach mehr zu machen. An jenem Morgen stand ich dann erst um halb elf auf. Völlig durch und völlig gerädert. Bekannte, mit denen ich sprach, boten mir an, die Maus mittels einer Todschlagfalle erledigen zu können. Doch ich lehnte ab. Ich wollte die Maus ja nur loswerden, ohne sie gleich zu Meucheln. Auch wenn ich allen und guten Grund dazu gehabt hätte. So ging ich im nächsten Morgen in den Baumarkt und besorgte eine Lebendfangmausefalle und war echt froh, dass ich dafür nur acht Euro auf den Tisch legen musste. Ziemlich erstaunt darüber, dass man für die größere Version für das Rattenfangen geschlagene zweiundzwanzig Euro auf den Tisch legen soll, ging ich zurück nach Hause und betete im Stillen, dass ich nur ein Mäuseproblem und eben nicht ein Rattenproblem in meiner Wohnung hatte. Mittlerweile habe ich mit dieser Lebendfangfalle schon die zweite Maus gefangen. Doch ist dies wohl nicht das Ende meines ganz persönlichen Mäuseproblems. Denn es macht sich nun bereits die dritte Maus in meiner Wohnung breit. Sie veranstaltet des Nachts auch wieder einen richtigen Höllenlärm und so habe ich noch einige Probleme, um endlich Ruhe finden zu können. Mit der zweiten gefangen Maus hatte ich ein besonderes Erlebnis. Die in der Lebendfalle eingekerkerten Mäuse entlasse ich normalerweise ein ganzes Stück weit entfernt auf einer riesigen Rasenfläche mit Gebüschen in ihre dann neu gewonnene Freiheit. Die zweite gefangene Maus verfing sich jedoch irgendwie mit ihrem Mäuseschwanz in der Lebendfalle. Wie dies überhaupt passieren konnte, ist mir bis zum heutigen Tage ein Rätsel. So hing die Maus völlig hilflos in der Luft. Mit ihrem Ende völlig verheddert an dem Käfig der Lebendfalle. Daraufhin setze ich die Falle auf dem Boden ab, und ließ es mir nicht nehmen, die so gefangene hilflose Maus mit meinem Zeigefinger am Bauch zu kraulen. Das fand sie mit lautem Quieken überhaupt nicht gut oder sonderlich spaßig. Sie hat echt gequiekt wie ein Schwein und winselte auf diese Weise um Gnade. Doch hat sie es mit sich machen lassen und hat mich auch nicht gebissen. Schlussendlich entließ ich die Maus dann doch in die Freiheit, indem ich sie aus ihrer misslichen Lage befreite. Vollkommen außer sich und in ungehemmter Panik flüchtete sie in das nicht weit entfernte Buschwerk und ward nie wieder niemals nicht gesehen. Doch dies ist leider noch nicht das Ende meiner ureigenen Mäuseplage. Zumindest weiß ich jetzt wic diese ganzen Mäuse in meine Wohnung gelangen oder besser gesagt ich glaube es zu wissen. Für die Nacht lasse ich auch tagsüber meine Balkontür offenstehen, da ich gerade jetzt kurz vor dem Sommer eben auch die frische Luft in meiner Wohnung haben will. Meine Nachbarin unten hat in ihrem Garten ein Spalier stehen, dass gänzlich an meinen Balkon heranreicht, sodass wohl immer wieder Mäuse geschickt daran hochklettern, um dann über meinen Balkon und die offene Balkontür in meine Wohnung zu gelangen. In diesen Tagen habe ich nun schon mindestens die dritte Maus in meinen Räumlichkeiten. Gestern habe ich sie in der Küche vom gelben Sack aus hinter den Herd laufen gesehen. Gestern Nacht hat sie Gottseidank keinen Krach gemacht, sodass ich ganz und gar in Ruhe einschlafen und durchschlafen konnte. Aber das Mäuseproblem an sich wird mir wohl oder übel erhalten bleiben. Gerade auch im Winter, wenn ich meine Wohnung beheize und auch diese Tiere gerade dann die Wärme suchen. Es ist und bleibt zum Mäusemelken. Aber vielleicht kann ich trotz allem irgendwann meine mehr oder weniger verdiente Nachtruhe finden, ohne einer kleinen hilflosen Maus den Garaus zu machen. Denn auch ich bin ein Freund der Tiere. Katzen mag ich dabei über alles. Auch wenn ich mir selbst kein Haustier mehr zulegen werde.

Heutzutage kriege ich das wohl auch nicht mehr hin ein Haustier versorgt zu bekommen. Und ich kriege ja auch regelmäßig teils nervigen Besuch von meinen Mäusen. Irgendwie sind diese Mäuse so gesehen dann ja auch eine Art von Haustieren.

## Netzwerk

Heutzutage, im Jahr 2024, ist so ziemlich alles auch immer irgendwie weltweit global. Es hat sich um den ganzen Erdball ein riesiges Netz herausgebildet. Aber ist das wirklich so gut? Gibt es dadurch nicht eben doch auch eine ganze Menge an Nachteilen? Wenn alles stets und ständig miteinander verbunden ist, wo will man dann eigentlich den Hebel ansetzen, um wirklich noch etwas zu verändern. Denn die Zeit drängt. Zwar wird die Energiegewinnung aus Windkraft und Solaranlagen stetig vorangetrieben, und man hat auch mit den ersten Schritten zur Produktion von wirklich grünem Wasserstoff begonnen. Doch ist wohl diese Entwicklung alles in allem viel zu langsam. Der Klimawandel schreitet stetig und unaufhaltsam voran. Vielen Menschen ist das aber immer noch nicht bewusst. Trotz ständiger und exklusiver Berichterstattung. Durch die Probleme im Ukrainekonflikt mit Russland und die Problematik mit Israel und Palästina im Nahen Osten, ist die das Thema Klimaschutz sehr deutlich ins

Hintertreffen geraten. Doch gerade auch Kriege, wo allermöglicher Dreck in die Luft geblasen wird, sind nun mal hat wohl die größte Klimakiller. Nur wird das den Menschen in der Ukraine und im Gazastreifen ziemlich egal sein, da sie ganz andere Probleme haben und es einfach nur noch um das nackte Überleben geht.

Natürlich gibt es ein weltweites Netzwerk an Hilfsorganisationen, die unermüdlich versuchen auch diese notleidenden Menschen irgendwie wenigstens mit dem Nötigen vom Nötigsten zu versorgen. Eine ukrainische Künstlerin im deutschen Fernsehen hat sich einmal sehr darüber aufgeregt, dass man diesen Papcndschingies Putin nicht aufhalten kann, indem man Kuscheltiere verteilt. Und damit hat sich nun mal Recht. Ein Putin versteht offenbar leider nur die Sprache der Gewalt. Auch mit der Terrororganisation Hamas kann man nicht wirklich verhandeln. Da werden von der Hamas friedlich feiernde Teilnehmer auf einem Festival einfach mal so eben abgeschlachtet oder als Geiseln verschleppt. Nur, um diese Geiseln dann als menschliche

Schutzschilde missbrauchen zu können. Dass die Israelis das so nicht einfach hinnehmen können. Und natürlich haben sie dann im Folgenden die Hamas angegriffen. Um die Hamas auszumerzen, bevor diese am Ende die Israelis ausmerzen. Dabei geraten leider natürlich auch hilflose und unschuldige Zivilisten zwischen die Fronten oder in die Schusslinie. Israel hat seine Existenzberechtigung, genauso wie die Palästinenser ihre Existenzberechtigung haben. Aber echter Frieden in der Region wird es erst geben, wenn es die Hamas als solche nicht mehr gibt. Insofern kann ich die Israelis verstehen, wenn sie sagen „Nie wieder ist jetzt."

## Alliterationen

Positiv
nicht negativ
nur noch positiv
Ich bin nur positiv
Mindset

Als alle Affen anfangen
viele verschiedene verfressene Vögel
langsam leidenschaftlich liebten, ließen
Chamäleons charismatische Clownfische
campen

Der Himmel ist bedeckt
mit dunklen Wolken
plötzlich Sonne
Licht
kitzeln mein Gesicht
ist wie ein Gedicht

Sparkasse
dein Partner
wir gemeinsam zusammen
eat work sleep repeat
Lebensaufgabe

Frank fährt Freitags Formel 1 für Ferrari
Sebastian spart schon seit 776 seinen Schotter
Müller mahlt Montags Mehl
Jule jagt jauchzent jederzeit Jaguare
Martinos Mutter malt mehrmals mit Mais
Mutter Montags Morgens meistens muckelige Marienkäfer

Die Maus kommt aus dem Haus raus verfolgt noch eine Laus macht daraus einen Schmaus mit Klaus

# Epilog

## Ein letzter Gedanke

## Sparkasse trifft NUNC

Ach, wer hätte das gedacht
Was so ein bunter Haufen macht
Keine Zahlen und kein Geld
es gibt noch mehr auf dieser Welt
kreativ sein, Mut zum Handeln
mal auf ganz neuen Pfaden wandeln
so hatten wir es vorgestellt
Einmal eine Kurzgeschichte oder doch
lieber Gedichte?
hingeschrieben auf Papier.
Ach nee, lieber was neu gestalten
aus altem Zeug, was keiner braucht.
Im Team besprechen und entscheiden
so mancher Kopf hat da geraucht
Ideen wurden umgesetzt, es ging auch
mal daneben
dann wiederholte man den Schritt
auch das gehört zum Leben
Eine Woche viel gelernt, als Team und für
sich selbst
So viele tolle Werke, doch eins bleibt mir
im Sinn.
Ich stand nicht nur daneben…
nein, ich war mittendrin

Petra Meyer

## Entstehung dieses Buches

Teil der Workshopwoche war auch die Arbeit mit dem Projekt „Lebensgeschichten inklusiv(e)“. Dieses Projekt, unter dem Dach von Stellwerk e.V. in Gifhorn, arbeitet dank einer Förderung der „Aktion Mensch“ seit April 2020 im literarisch kulturellen Bereich. Mittels ressourcenorientierter Biografiearbeit entsteht ein Ort, an dem man sich seinen ganz individuellen Erfahrungen und Ideen widmen kann, um diese letztlich künstlerisch in Form zu gießen. Der Fokus liegt meist auf dem kreativen Schreiben. Und so konnten Mittels dieser Projektidee verschiedenste Texte im Laufe unserer Workshopwoche entstehen. Daraus entstand dieses Buch.